Rwla

Tu Hwnt

Tan Domen

Ty'n Twll

LLYFR MAWR RWDLAN

I Nedw Siôn

LLYFR MAWR RWDLAN

Angharad Tomos

y Lolfa

Argraffiad cyntaf: 2013

Dymuna'r cyhoeddwyr gydnabod cymorth ariannol
Cyngor Llyfrau Cymru

Rhif Llyfr Rhyngwladol: 978 1 84771 741 2

Argraffwyd a chyhoeddwyd yng Nghymru gan
Y Lolfa Cyf., Talybont, Ceredigion SY24 5HE
gwefan: www.ylolfa.com
e-bost: ylolfa@ylolfa.com
ffôn: 01970 832 304
ffacs: 832 782

Cynnwys

Gair gan Angharad Tomos

'Nôl yng Nghaernarfon ym 1983, ymhell cyn eich geni chi, na thaid i daid y brenin, es i ddosbarth celf, a thynnu llun gwrach glên efo cath o'r enw Mursen. Gelwais hi yn Rala Rwdins.

Awgrymodd yr athrawes y dylwn wneud ffrind iddi, a dyna sut y ganwyd Rwdlan, y wrach fach ddireidus, oedd yn seiliedig ar fy chwaer fach, Ffion Haf.

Yr haf hwnnw, mewn carafán, daeth llawer mwy o gymeriadau i Wlad y Rwla, gwrach od o'r enw Ceridwen a dau ddewin – y Dewin Doeth a'r Dewin Dwl.

Wedi blino ar wneud pobl hapus, gwnes gymeriad trist o'r enw Llipryn

Llwyd, a Strempan ddrwg o dwll y mwg. Haf prysur iawn oedd1983!

Argraffodd y Lolfa y llyfr cyntaf yn 1983. Bellach mae 16 o lyfrau yn y gyfres. Cafodd plant Iwerddon, Llydaw a'r Alban eu mwynhau yn ddiweddarach. Buont yn ddrama ar y radio, ar lwyfan ac erbyn 1994, roeddent ar S4C. Gwnaeth Sain gasetiau (gofynnwch i Nain beth yw'r rheini). Erbyn 2003, roedd gen i hogyn fy hun, a hwnnw eisiau dysgu darllen a daeth cyfres Darllen Mewn Dim i fod.

I ddathlu pen-blwydd Gwlad y Rwla, dyma Lyfr MAWR Rwdlan. Mwynhewch!

Angharad Tomos

Sut i dynnu lluniau'r cymeriadau

gwneud cylch

rhoi trwyn

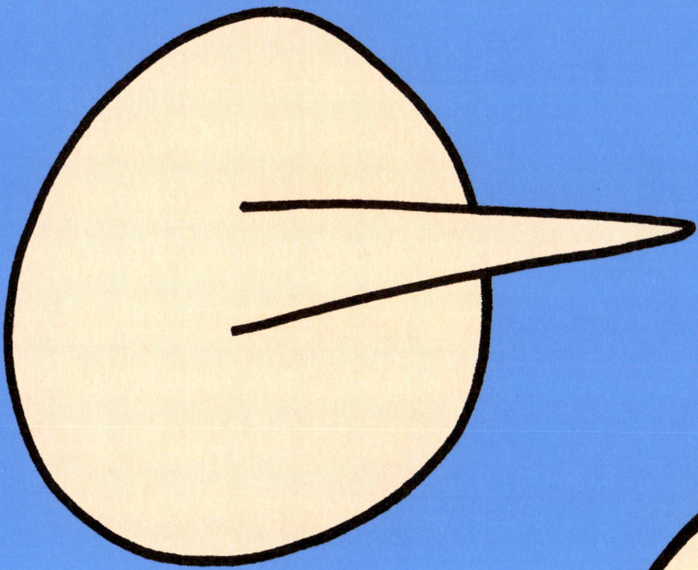

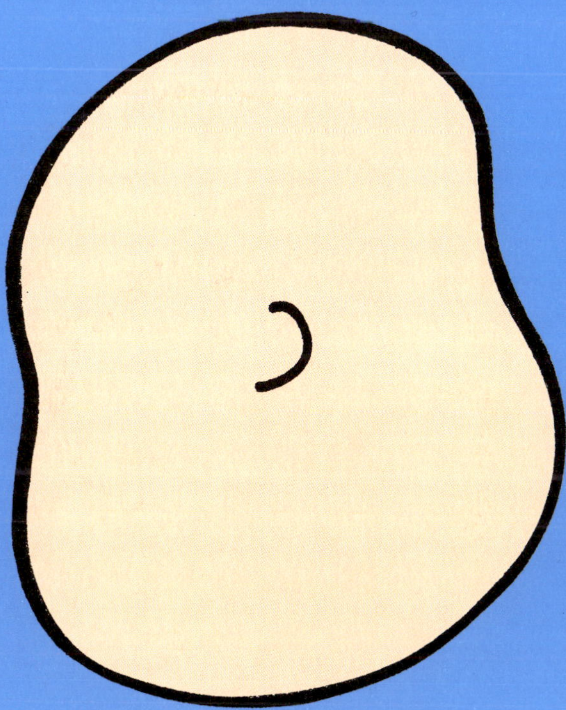

beth am siâp gwahanol?

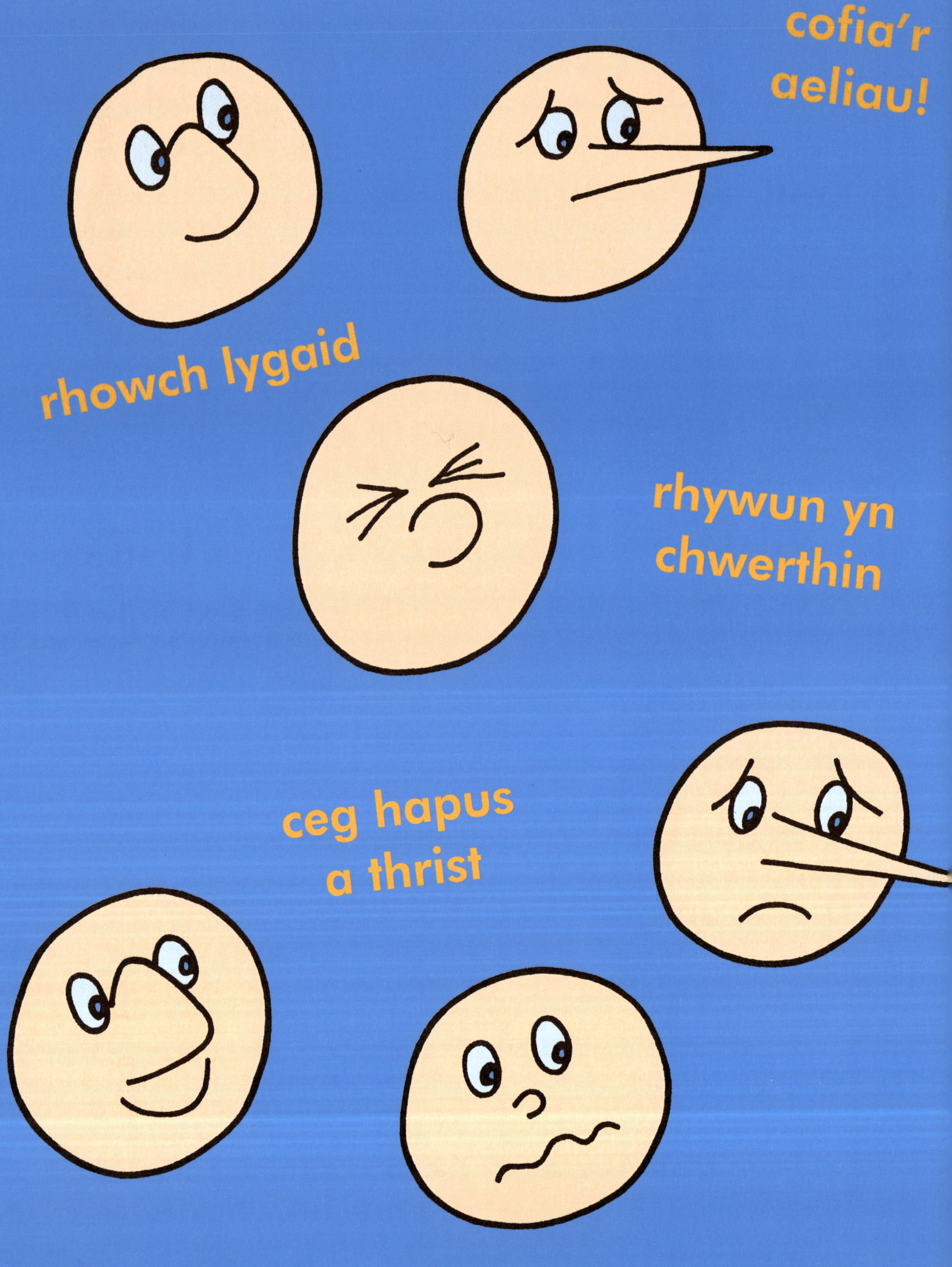
cofia'r aeliau!
rhowch lygaid
rhywun yn chwerthin
ceg hapus a thrist

Ffaith ddifyr:
Does dim clustiau gan bobl Gwlad y Rwla.

Beth am het, coron, gwallt, craith, dagrau

a chael ENW i'ch cymeriad?

Chi fydd pia fo wedyn a chewch greu pob MATH o straeon...

Dan yr Het

Roedd Rwdlan a'r Dewin Dwl wedi bod yn bwydo'r adar.

"A gwallt fel nyth," meddai'r dewin bach.

"Wy dan fy het!" atebodd y dewin.

O diar, Dewin Dwl!

Hoff fwyd Llipryn Llwyd

1. Cymysgwch ddau wy mewn bowlen.
2. Ychwanegwch dipyn o lefrith ac, os dymunwch, dipyn o fanila a sinamon.
3. Rhowch ddwy dafell o fara yn y gymysgedd.
4. Ffrïwch y bara nes ei fod yn lliw aur.
5. Bwytewch gyda siwgr, surop neu ffrwythau!

Croesair

AR DRAWS

1. Rhaid sgleinio'r rhain.
4. Cosyn sy'n hoffi hwn.
6. Peintiodd Rwdlan hwn yn ddu.
7. Mae'n hwyl cael sblash yn y ______.
9. Paid rhoi Mursen yn hwn!

I LAWR

2. Dim ond yn y _____ y gwelwn y lleuad.
3. Hon yw ffrind y Dewin Dwl.
5. Da yw cael stori ______ nos.
6. Mae ______ gam gan Rala Rwdins.
8. ________ yw Mursen.

Mae angen 2 sgwâr i TH.
Mae'r lluniau yn gliwiau i'r atebion ac mae un ateb wedi ei roi i'ch helpu!

1
2
3
4
5
b
6
o
7
b
8
9

Smotiau

Mae gan y Dewin Dwl
bin ffelt coch.

Beth wyt ti'n ei wneud,
Dewin Dwl?

Mae'n sleifio i ogof
Ceridwen, ac mae hi…

… yn rhuthro allan! Beth
sy'n bod, Ceridwen?

Nac oes, Ceridwen.
Y Dewin Dwl sydd wedi
chwarae tric.

Wir i chi, roedd smotiau
coch ar ddrych Ceridwen!

Dod i adnabod...

Enw: Dewin Dwl
Cartref: Ty'n Twll
Oed: 3
Gwaith: Gofalu am y Ffatri Fêl
Hoff fwyd: Mêl
Ffaith ddifyr: Does neb yn gwisgo trowsus yng Ngwlad y Rwla.

Nod llyfr i Ceridwen

1. Torrwch ddarn 4cm x 24cm o gardfwrdd.
2. Gyda siswrn, torrwch y corneli oddi ar un pen.
3. Lliwiwch gylch a rhoi dwy lygad a cheg arno (neu ludo llygaid symudol).

4. Torrwch wyth darn o wlân neu linyn 3cm o hyd.
5. Gludwch bedwar darn bob ochr.

Beth am wneud rhai efo wyneb Dewin Dwl neu Rwdlan?

Lliwiwch y llun!

Lliwiwch yr haul yn ddu!

Lliwiwch y jeli yn frown!

Lliwiwch het
Rwdlan yn felyn!

Lliwiwch Llipryn Llwyd yn las!

Lliwiwch y gacen yn biws!

Lliwiwch Dewin Dwl yn binc!

Lliwiwch y frechdan yn wyrdd!

Lliwiwch y cwmwl yn goch!

Cysylltwch y parau.

Ble mae Dewin Dwl?

Balŵn Ceridwen

Gwnewch batrymau ar falŵn Ceridwen a'u lliwio.

Dod i adnabod...

Enw: Ceridwen
Cartref: Ogof Tu Hwnt
Oed: Does neb yn gwybod
Gwaith: Dysgu cyfrinachau'r byd
Hoff fwyd: Llyfrau
Ffaith ddifyr: Katell Spanell yw Ceridwen mewn Llydaweg!

Dyddiadur (Cyfrinachol!) Dewin Dwl

Bore

6.00 Deffro a neidio ar y gwely.

6.05 Dewin Doeth yn gweiddi, "Nôl i'r gwely!"

6.07 Methu cysgu. Neidio eto. Neidio drwy'r ffenest!

7.00 Dweud "Bore Da" wrth y gwenyn. Bsss...

7.30 Rhoi inc yn nŵr molchi'r Dewin Doeth.
Dewin Doeth yn ôl i'r gwely.

8.30 I Dan Domen.
Chwarae tric da ar Rala Rwdins – rhoi menyn ar ddwrn y drws a hithau'n methu mynd allan.

9.00 Nôl blodau i Rala Rwdins. Rhoi llyffant yn eu canol.

12.00 Rwdlan yn cael cinio yn Nhy'n Twll. Rhoi pupur yn ei brechdan a bu'n tisian yn ddi-baid.

(Ewch ymlaen i dudalen 44.)

Hwn yw fy hoff wyneb.

Pwy ydi o/hi?

Enw?

Pam mae wedi dychryn?

A welodd:

 ?

Ble mae'r cymeriad yn byw?

Mae un peth arbennig am eich cymeriad.

Beth yw hwnnw?

hen neu ifanc?

drwg neu dda?

Mwydod Clai

Gwnewch
fwydod hir o glai.

A gwneud
eich enw!

Ffaith ddifyr:
Rala Rwdins oedd enw'r llyfr cyntaf un.

Swdocw

1 4

3

2

1

4

	1		
			2
		3	
	4		

3 2

Rhowch y rhifau yn y sgwariau fel bod 1– 4 ym mhob rhes, ar draws ac i lawr.

Beth sy'n wahanol?

Mae 6 gwahaniaeth yma.

Mae'r mwydyn wedi mynd i gysgu yng ngwely Cosyn!

Tynnwch lun ohono.

Dod i adnabod...

Enw: Rwdlan
Cartref: Ogof Tan Domen
Oed: 5
Gwaith: Bod yn ddireidus
Hoff fwyd: Siocled a selsig (ond nid gyda'i gilydd!)
Ffaith ddifyr: Does neb yn gwybod o ble daeth Rwdlan.

Mae Rwdlan yn 5 oed!

Rhowch 5 cannwyll ar y gacen
a gwaeddwch

"Pen-blwydd Hapus!"

Triciau

Roedd y Dewin Dwl wedi deffro'r Dewin Doeth drwy roi pry cop ar ei drwyn.

"Tric gwych!" meddai'r dewin bach. "Well i mi fynd o 'ma cyn cael ffrae!"

Roedd Rwdlan yn eistedd yn yr haul.

"Mm, hoffwn gael afal," meddai Rwdlan, a'i gymryd o'r goeden. Sgrechiodd yr afal yn swnllyd.

Wa! Trwyn Strempan oedd o!

I ffwrdd â'r ddau fach nerth eu traed, nes gweld het Rala Rwdins ar lawr.

Cafodd y ddau amser gwych yn troi'r het ar bolyn fel chwyrligwgan.

Wps! Hedfanodd yr het a glanio ar dop coeden. Roedd Rala Rwdins yn flin iawn iawn.

"Beth am gerdded ar y lein ddillad?" Cafodd y ddau sbort nes i'r dillad i gyd ddisgyn.

Roedd Ceridwen wedi gwylltio pan welodd y dillad ar lawr.

"Mae pawb yn flin efo ni!" meddai Rwdlan. "At bwy awn ni nesa?"

Mae un person yng Ngwlad y Rwla bob tro'n falch o'u gweld.

CHWILAIR

Chwiliwch am y geiriau yma:

dewin
jeli
sêr
Mursen
dwl
het
Rwdlan
mwyar
ogof
jôc

r	a	y	w	M
d	c	ô	j	u
t	e	R	e	r
e	d	w	l	s
h	o	d	i	e
s	g	l	c	n
ê	o	a	o	w
r	f	n	p	rh

Cadwyn o Sêr

Papur, rhyw 30cm x 11cm (hanner A4)

Plygwch y papur 3 gwaith fel consertina. Gwnewch lun seren a'i thorri allan, ond peidiwch torri'r pigau ar yr ochr.

Dim ots os gwnewch gamgymeriad – bydd gennych gawod o sêr!

AM DRO DRWY

Os glaniwch ar DWL! taflwch y dis eto a rhaid gwneud her:

1 - Cosi'r person agosaf atoch.
2 – Hopian rownd eich cadair ar un goes.
3 – Canu 'Pen-blwydd Hapus'.

WLAD Y RWLA

4 – Tynnu tafod ar y person gyferbyn â chi.
5 – Dynwared Strempan.
6 – Ogleuo eich hosan!

Pwy sydd ofn Cosyn??

Tynnwch lun rhywun o Wlad y Rwla ar y gadair.

O na, mae storm ar y gorwel!

Dyddiadur Dewin Dwl (parhad)

Prynhawn

1.00 Rwdlan yn talu'r pwyth yn ôl ac yn rhoi marblis yn fy esgidiau.

2.00 Rowlio i lawr Bryn Blodau.

3.00 Draw i Lyn Llymru i godi calon y Llipryn Llwyd. Cael gêm o gosi, a Llipryn yn disgyn i'r llyn – crio mawr.

4.30 Mynd am de i Dan Domen. Rwdlan yn rhoi dŵr oer yn y tebot, a Rala Rwdins yn digio.

5.00 Chwythu balŵns i wneud Rala Rwdins yn hapus. Cael cacen siocled ganddi – bwyta gormod!

(Ewch ymlaen i dudalen 71.)

Peintiwch bopeth yng Ngwlad y Rwla yn lliw gwahanol
(gan gynnwys Rwdlan!).

 Twll

Annwyl  Dwl,

Helô! Tyrd draw heddiw i chwarae . Oes gen ti 

? Dwi wedi colli fy ! Rhaid i mi roi 

ar y  yn y . Mae  yn brysur. Tyrd i gael  efo ni.

Ta ta tan toc.

X 

Dod i adnabod...

Enw: Rala Rwdins
Cartref: Ogof Tan Domen
Oed: 51
Gwaith: Gofalu am dywydd Gwlad y Rwla
Hoff fwyd: Rwdins (fel mam Angharad Tomos!)

Swyn Coch

Yn eisiau: gwydr mawr neu jwg wydr
lliw bwyd (coch)
olew coginio
dŵr
halen

1. Llenwch y gwydr â dŵr.
2. Rhowch 3 diferyn o liw ynddo.
3. Yn ofalus, rhowch haen o olew ar y dŵr.
4. Taenwch lwyaid o halen dros y cyfan!

Dod i adnabod...

Enw: Dewin Doeth
Cartref: Ty'n Twll
Oed: 45
Ffrind: Ceridwen
Gwaith: Astudio'r sêr ac actio'n ddoeth
Hoff fwyd: Cacen wy
Ffaith ddifyr: Cafodd antur ar y môr

Trowch Dewin Dwl yn rhywun arall!

(Gwnewch gopi o'r dudalen CYN dechrau torri...)

Dod i adnabod...

Enw: Llipryn Llwyd
Cartref: Cors Llyn Llymru
Oed: Dydi e ddim yn cofio
Ffrind: Ei hances
Gwaith: Di-waith
Hoff fwyd: Llymru a chacen gri
Ffaith ddifyr: Mae ganddo gefnder yng Nghwm Llwm.

Pwy yw ffrind pwy?
Rhowch linell i'w cysylltu.

Sawl Corryn sydd yma?

Lliwiwch

bopeth

y lliw

anghywir...

Hi hi – ac i ffwrdd â chi!

Helpwch Dewin Dwl i ysgrifennu ei enw.

Beth yw dy enw di?

Help!
Cyfrwch y
mwydod.
Lliwiwch ni!

Rhowch drefn ar yr enwau a'u cysylltu â'r cysgodion cywir.

runseM

wlewDDin

prwyLldiynLl

wlRnad

Dant!

Roedd Rwdlan wedi colli dant.

"Bydd Ceri Dant yn dod i'w nôl."

"Tylwyth Teg y dannedd, wrth gwrs," atebodd Rala Rwdins.

Roedd Rwdlan yn drist. Ni allai ddod o hyd i'r dant yn un man.

Rhywun tristach na Rwdlan oedd y Dewin Doeth. Roedd ganddo'r ddannodd.

Chwarae teg i'r Dewin Dwl. Roedd yn gwneud ei orau i helpu.

Curodd rhywun ar y drws. Llipryn oedd yno..

Roedd y Llipryn Llwyd wedi dod o hyd i ddant ar y llawr.

Doedd y Dewin Doeth ddim eisiau'r dant. Aeth Llipryn i Dan Domen.

Roedd Rwdlan wrth ei bodd fod Llipryn wedi cael ei dant.

Y bore wedyn, roedd dant Rwdlan wedi mynd, ac roedd darn arian yn ei le.

A wir i chi, roedd dannodd y Dewin Doeth wedi mynd hefyd. Diolch, Ceri Dant!

Hetiau di-ri!

O na! Mae'r hetiau wedi eu cymysgu.

Helpwch Rwdlan i gopïo ei llun yn y sgwariau!

Sut mae'r Dewin Dwl yn cyrraedd y lleuad?

Lliwiwch y pâr blin.

GW – Gwyn
GL – Glas golau
G – Glas
C – Coch

P – Pinc
D – Du
B – Brown

Dau Ddamp

Roedd Llipryn Llwyd a Dewin Dwl ar goll – yn y glaw.

Rhoddodd Llipryn ei flanced dros y ddau.

Daeth Strempan heibio.

Dyna sioc a gafodd – ysbryd oren â dau ben!

"Hi hi! Rydyn ni wedi dychryn Strempan!" meddai'r dewin bach.

Roedd y dewin wedi blino felly cafodd ddringo ar ysgwyddau Llipryn.

Rwdlan oedd yr un nesaf i gael sioc.

Ond doedd Rwdlan ddim yn credu hynny.

Cafodd y tri baned o de yn Nhan Domen – a chacen gri.

"Well i chi aros yma heno," meddai Rala Rwdins wrth y tri.

Cysgodd Llipryn a Rwdlan yn syth, ond cawsant eu deffro ganol nos…

"Dewin Dwl, dos i'r gwely!"

Y Tywydd yng Ngwlad y Rwla

Beth am i chi ddewis y tywydd cywir i bob cymeriad?

heulog

glawog

cymylog

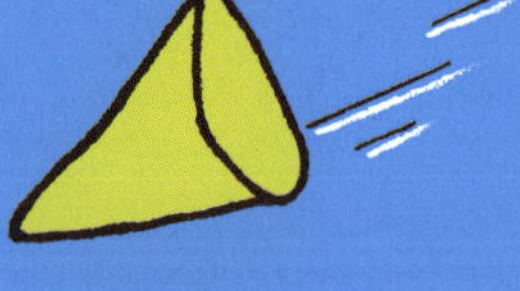

gwyntog

oer

stormus

Pa lyfr?

O ba lyfrau y daw'r lluniau hyn?

Helpwch Dewin Dwl i gyrraedd y gacen.

O diar! Pwy sy'n dal pa un?

Dyddiadur Dewin Dwl (parhad)

Gyda'r Nos

6.00 Chwarae môr-ladron a rhoi patsh ar lygad Mursen.

7.00 Dewin Doeth yn dod i fy nôl. Mynd heibio Tu Hwnt i ddweud "Helô, a nos da!" wrth Ceridwen.

8.00 Cysgu ar soffa yn Nhu Hwnt a chael fy neffro.

8.30 Rhoi llwch llachar ar y sêr.

9.00 Chwyrnu yn y gwely (a breuddwydio am bob math o driciau!).

Dod i adnabod...

Enw: Strempan
Cartref: Castell Cnotiog
Oed: 39
Gwaith: Cadw reiat!
Hoff fwyd: Sliwod mewn saim a brechdan driog
Ffaith ddifyr: Castell Cnotiog yw'r unig le sydd â thrydan yng Ngwlad y Rwla.

Bryn Blodau

Mae Rwdlan yn rowlio
i lawr Bryn Blodau.
Llenwch y bryn â
blodau lliwgar.

Crempog

Amser paratoi: 10 munud
Amser coginio: ychydig funudau i bob crempogen
Offer: powlen, chwisg, llwy bren, jwg, cyllell fflat
Cynhwysion: 50g o flawd plaen, 1 wy, 4 llwy fwrdd o lefrith, menyn neu farjarîn, siwgr mân, 1 lemwn

1. Hidlwch y blawd i bowlen.
2. Curwch yr wy a'i ychwanegu gyda'r llefrith at y blawd. Cymysgwch y cyfan yn drylwyr gyda llwy bren a'i roi mewn jwg.
3. Toddwch y menyn mewn padell ffrio.
4. Rhowch ddigon o'r gymysgedd i orchuddio gwaelod y badell.
5. Pan fydd swigod yn codi i'r wyneb, trowch y grempog – yn ofalus.
6. Bwytewch y grempog yn boeth gyda siwgr, lemwn neu surop.

(Rhowch gynnig ar grempog sawrus a'i llond o gaws.)

Beth yw hoff fwyd Dewin Dwl?
Cysylltwch y dotiau i weld...

Dod i adnabod...

Enw: Mursen
Cartref: Ogof Tan Domen
Oed: Prrrrrrr
Gwaith: Helpu Rala Rwdins
Hoff fwyd: Llygod a llaeth
Ffaith ddifyr: Mae'n fôr-leidr rhan-amser.

Ble mae'r seren drist?

Cyfres Rwdlan

Ydy'r llyfrau i gyd gennych chi?
Beth am gasglu pob un?

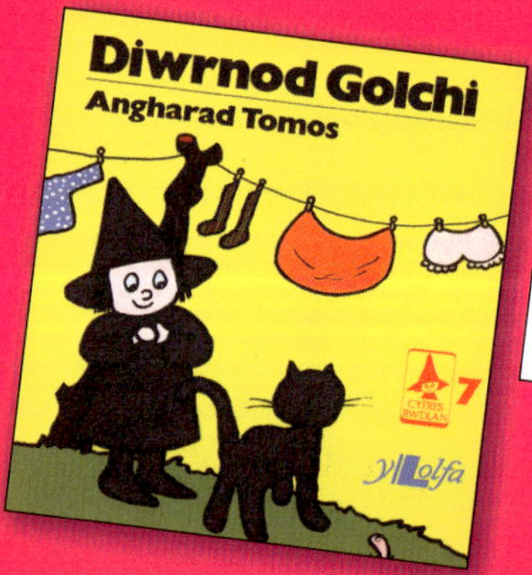

Strempan
Angharad Tomos
8

Jam Poeth
Angharad Tomos
9

Yn Ddistaw Bach...
Angharad Tomos
10

Cosyn
Angharad Tomos
13

Corwynt!
Angharad Tomos
11

Penbwl Hapus
Angharad Tomos
12

Barti Ddwl
Angharad Tomos
15

Dan y Dail
Angharad Tomos
14

'Sbector Sbectol
Angharad Tomos

MAWR
RWDLAN

www.ylolfa.com

Gwlad y
Bryn Blodau
Castell Cnotiog
Llyn Llymru